3 1994 01016 3233

SANTA ANA PUBLIC LIBRARY
NEWHOPE BRANCH

D0432246

MIRA DE CERCA

LOS ÁRBOLES

TEXTO DE
THERESA GREENAWAY

FOTOGRAFÍAS DE
KIM TAYLOR

TRADUCCIÓN DE
JUAN MANUEL IBEAS

ANAYA

J SP 591.564 TAY
Taylor, Kim
Los arboles

$14.35
NEWHOPE   319940101163233

DK

Proyecto: Ch. Gunzi. **Edición artística:** V. Wright Heneghan.
Ayudante de edición: S. Copsey. **Diseño:** J. Staniland. **Ayudante
de diseño:** L. Bennett. **Producción:** L. Barratt. **Ilustraciones:** N. Hall.
Índice: J. Parker. **Dirección editorial:** S. Mitchell. **Dirección
artística:** M. Kennedy. **Asesores:** B. Clarke, A. Currant, P. Hillyard,
T. Parmenter, E. Wade.

Nuestro agradecimiento a Sarah Anderson, del Parque Zoológico de Londres,
Jane Burton, la London Butterfly House, Surrey Water Gardens y Kim Taylor,
por haber proporcionado algunos de los animales que aparecen en este libro.

Fotografía de rana arborícola asiática, pág. 16, de Frank Greenaway.
Fotografía de las guardas de K. G. Preston-Mafham, Premaphotos Wildlife.

Título original: *Tree Life*

© Texto y fotografías: Dorling Kindersley, Ltd., Londres, 1992
© Esta edición: Grupo Anaya, S. A., 1993
Juan Ignacio Luca de Tena, 15. 28027 Madrid

1.ª edición, marzo 1993; 2.ª edición, junio 1997

ISBN: 84-207-4854-4
Depósito legal: M. 19.777/1997
Impreso en EUROCOLOR, S. A. Tuercas, 1. Nave 25
Polígono Indusrial Santa Ana. Rivas Vaciamadrid (Madrid)
Impreso en España - Printed in Spain

*Reservados todos los derechos. El contenido de esta
obra está protegido por la Ley, que establece penas
de prisión y/o multas, además de las correspondientes
indemnizaciones por daños y perjuicios, para quienes
reprodujeren, plagiaren, distribuyeren o comunicaren
públicamente, en todo o en parte, una obra literaria,
artística o científica, o su transformación,
interpretación o ejecución artística fijada
en cualquier tipo de soporte o comunicada
a través de cualquier medio, sin la
preceptiva autorización.*

CONTENIDO

Búscanos, y te enseñaremos el tamaño de todos los animales que aparecen en este libro.

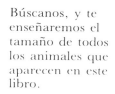

Avispa de las agallas del roble
Andricus kollari
5 mm de longitud
VIVE EN EUROPA, ASIA Y NORTE DE ÁFRICA

Geco diurno de Madagascar
Phelsuma madagascariensis
16 cm de longitud
VIVE EN ÁFRICA ORIENTAL Y EN LAS ISLAS DEL OCÉANO ÍNDICO

Oruga de la mariposa harpía
Cerura vinula
6 cm de longitud
VIVE EN EUROPA, ASIA Y NORTE DE ÁFRICA

Avispa solitaria (familia Calcídidos)
Torymus nitens
5 mm de longitud
VIVE EN EUROPA

Rana arborícola asiática
Polypedates dennysi
11 cm de longitud
VIVE EN EL SUDESTE ASIÁTICO

Pito real
Picus viridls
32 cm de lontigud
VIVE EN EUROPA, IRÁN, PAKISTÁN Y TURQUÍA

LA VIDA EN EL ÁRBOL

ALLÁ DONDE HAYA un árbol, ya sea en los trópicos o en los países fríos, no encontraremos tan sólo una planta grande, con un tronco de madera y una copa de hojas. Un árbol es un sistema vital completo para muchas clases de animales. Algunos, como las hormigas rojas, son meros visitantes; para ellos, el árbol es una despensa llena de comida. Para otros, es una casa: viven en sus ramas, alimentándose de insectos o de las hojas, flores y frutos del árbol mismo. Otros muchos animales viven en el interior del árbol, en agujeros o bajo la corteza. Las larvas de algunas avispas viven en estructuras especiales, llamadas agallas, que el árbol crea para ellas. En todo el mundo se están talando bosques para obtener madera o para despejar el terreno. Pero cuando se tala un bosque, no sólo los árboles desaparecen: también desaparece toda la vida arbórea.

Escarabajo cardenal
Pyrochroa coccinea
1,5 cm de longitud
VIVE EN EUROPA

Tití común
Callithrix jacchus
Cuerpo: 23 cm
VIVE EN BRASIL

**Chinche del
abedul**
*Elasmucha
grisea*
9 mm de
longitud
VIVE EN EUROPA
Y ASIA

**Mariposa macaón
tropical**
Papilio palinurus
9,5 cm de envergadura
VIVE EN EL SUDESTE
ASIÁTICO

Hormiga roja
Formica rufa
6 mm de longitud
VIVE AL NORTE
DEL ECUADOR

MARIPOSAS MULTICOLORES

ESTA HERMOSA mariposa macaón hace brillar sus
colores al sol mientras vuela entre los árboles de la selva
tropical. El macho defiende su territorio (la zona en la que
vive) expulsando de él a los demás machos. La hembra
pone los huevos en el envés de las hojas. Las orugas, al nacer,
son de color pardo. Al crecer, tienen que mudar de piel varias
veces. Con cada muda se vuelven más verdes, hasta adquirir un
color verde intenso. Cuando la oruga ha terminado de crecer, se
transforma en pupa: se le endurece la piel y se queda inmóvil y sin
comer durante un par de semanas. En este tiempo tienen
lugar muchos cambios, hasta que por fin la pupa se abre
y de ella sale una mariposa. Este proceso de
transformación se llama metamorfosis.

VISTO Y NO VISTO

Los brillantes colores de la
cara superior de las alas
resultan muy visibles para los
pájaros y otros enemigos.
Pero en cuanto se posa, la
mariposa junta sus alas, que
por la cara inferior son de
color pardo, y se confunde
con el follaje, resultando muy
difícil de ver.

CHUPADORA DE AZÚCAR

La macaón tropical se
alimenta de néctar, que es
un líquido azucarado que
producen las flores. Para
absorberlo utiliza una trompa
larga, en forma de tubo,
como si fuera una pajita para
beber refrescos.

*Las manchas que
parecen ojos
confunden a
muchos
depredadores, que
los toman por la
cabeza de la
mariposa.*

*Cuando no está
utilizando la
trompa, la enrolla
en espiral bajo la
cabeza.*

*Las patas son lo
suficientemente largas
como para mantener
el cuerpo apartado de
posibles obstáculos.*

*Este color pardo
permite a la
mariposa
camuflarse entre
las hojas.*

*El abdomen contiene
los órganos de la
reproducción y el
aparato digestivo.*

FALSOS OJOS

Las manchas anaranjadas
de las alas sirven para
proteger a la mariposa.
Los pájaros las
confunden con la cabeza
y las pican, dañando sólo
las alas.

La mariposa utiliza las patas delanteras para limpiarse las antenas.

Las antenas pueden captar olores y contribuyen también al equilibrio de la mariposa.

Los grandes ojos compuestos están formados por muchísimas lentes individuales (omatidias).

ECHANDO UN TRAGO

Las mariposas machos pasan la mayor parte del tiempo en lo alto de los árboles, pero a veces bajan a beber en los charcos del suelo de la selva. No es sólo la humedad lo que los atrae, también necesitan sal del suelo, que encuentran disuelta en agua.

Esta red de tubos huecos, llamados venas, refuerza las alas de la mariposa.

Las alas son grandes y fuertes, y permiten volar con rapidez.

¿SABÍAS QUE...?
Las mariposas de este género, con una prolongación en las alas posteriores, se llaman también «cola de golondrina».

EL PICADOR PELIRROJO

EL CANTO VIGOROSO del pito real resulta inconfundible. Por lo general, a este pájaro se le oye cantar antes de verlo. Y cuando aparece, con su plumaje de colores brillantes, se le reconoce al instante. El pito real pasa mucho tiempo entre los árboles, sobre todo en los bordes de las praderas y los parques, aunque baja a menudo al suelo para buscar insectos, bayas y semillas. El pito real se pasa gran parte de su vida solo, pero en primavera busca pareja. Hace su nido en un agujero de un árbol, y la hembra pone de cinco a siete huevos. El padre y la madre se turnan para incubar los huevos y cuidar de los polluelos cuando éstos nacen.

EXPERTO TREPADOR
El pito real trepa a los árboles a base de saltitos bruscos. En cada pata tiene cuatro dedos rematados por fuertes garras, con las que se agarra con fuerza a la corteza mientras se equilibra con la cola corta y rígida.

UNA CASA EN UN ÁRBOL
Cuando llega el momento de construir un nido, el pito real elige un árbol cuya madera sea fácil de picar; por ejemplo, un roble o un pino muertos. El macho y la hembra se turnan para picar la madera. La entrada al nido suele tener tan solo 7 cm de anchura, pero el interior es muy espacioso, con una profundidad de unos 30 cm.

La cola es corta, formada por plumas rígidas, y el pájaro se apoya en ella al trepar a los árboles.

Estas hojas de haya son tan brillantes porque acaban de abrirse, saliendo de sus vainas protectoras.

SIN DOLORES DE CABEZA

Cuando el pito real pica la madera, las vibraciones de los golpes pasan a través del pico hasta la cabeza. Para absorber estas vibraciones y proteger el cerebro, existe una capa amortiguadora entre los huesos del pico y el resto de la cabeza, hecha de una sustancia elástica que se llama cartílago. Para mayor protección, la parte delantera del cráneo es excepcionalmente dura.

Las plumas de las alas son fuertes y rígidas, y permiten al pájaro cambiar de dirección en pleno vuelo.

LENGUA ATRAPAINSECTOS

El pito real tiene una lengua increíblemente larga, que puede sobresalir hasta 5 cm del pico, con la punta cubierta de saliva pegajosa. Cuando la introduce en un hormiguero o en los agujeros de la madera podrida, los insectos que hay dentro se quedan pegados.

La punta de la lengua está cubierta de saliva pegajosa, para atrapar insectos.

La lengua, larga y delgada, atrapa los insectos que se ocultan en las grietas de la corteza.

Los ojos están siempre atentos para encontrar comida o detectar peligros.

El pico es recto y fuerte, para picar madera.

Tanto el macho como la hembra tienen un casquete de plumas rojizas.

El «bigote» rojo indica que se trata de un macho. Las hembras tienen el «bigote» negro.

Al volar, el pito real mantiene las patas pegadas al cuerpo.

¿SABÍAS QUE...?

El pito real es un pájaro carpintero. Estas aves poseen picos fuertes y afilados, con los que abren agujeros en los árboles para hacer nidos o capturar insectos.

El cuello de los pájaros carpinteros es muy fuerte, para sujetar bien la cabeza mientras el ave pica los árboles.

VESTIDO DE PÚRPURA

TAMBIÉN EL ESCARABAJO cardenal es fácil de reconocer. En primavera y a principios del verano, cuando vuelan de flor en flor en busca de polen, estos escarabajos parecen minúsculos helicópteros rojos. Las hembras ponen los huevos en grietas de la corteza de los árboles o troncos caídos. Suelen escoger árboles muertos o enfermos, porque las larvas que salen de los huevos se alimentan de la madera podrida y los hongos que crecen bajo la corteza. Como estos alimentos no son muy nutritivos, la larva puede tardar más de un año en transformarse en pupa (la fase inmóvil). El escarabajo que sale de la pupa sólo vive aproximadamente un mes. En este tiempo tiene que buscar pareja y reproducirse. Para facilitar esta tarea, todos los escarabajos cardenales nacen más o menos al mismo tiempo.

Las antenas son sensibles al tacto y también sirven para detectar olores, incluso a grandes distancias.

Las alas, los élitros y las seis patas están unidas al tórax, o parte central del cuerpo.

Las alas están formadas por una membrana fina y transparente.

El cuerpo está protegido por un exoesqueleto duro.

Los extremos de las patas están provistos de ganchos para trepar a los árboles y sujetarse a las hojas y flores.

AERODINÁMICA

Los escarabajos cardenales vuelan bastante despacio, utilizando las alas transparentes. Unos músculos especiales del tórax hacen subir y bajar las alas, que no tienen músculos propios, aunque están reforzadas por venas rígidas. Cuando el escarabajo no vuela, pliega las alas debajo de los élitros (las alas duras y rojas).

ALAS PERFECTAS

Los escarabajos tienen un par de alas endurecidas, llamadas élitros, que protegen las alas verdaderas y las mantienen en buenas condiciones para volar. Cuando el escarabajo está posado, los elitros cubren las alas y el abdomen, de manera que el escarabajo pueda meterse bajo la corteza sin hacerse daño. Cuando el insecto va a echar a volar, levanta los élitros para que no estorben el batir de las alas.

Cuando el escarabajo va a volar, levanta los élitros y despliega las alas.

Mirando de cerca, se ven las fuertes venas que sostienen cada ala.

¿SABÍAS QUE...?

Los escarabajos cardenales producen un líquido especial que les da un sabor repugnante. Su brillante color rojo advierte a sus enemigos para que no se los coman.

ANIMAL ACORAZADO

El cuerpo de los escarabajos está protegido y sostenido por una cubierta dura, que se llama exoesqueleto, y está compuesto por una sustancia llamada quitina. Todos los insectos tienen exoesqueleto, pero el de los escarabajos es particularmente duro, como una auténtica armadura.

Cada ojo compuesto puede distinguir diversos matices de luz, oscuridad y color.

LA RANA DEL BOSQUE

LAS RANAS ARBORÍCOLAS viven en las selvas tropicales, en ambientes cálidos y húmedos. El color verde de esta rana arborícola asiática le permite ocultarse de las serpientes y otros enemigos entre los helechos y otras plantas que crecen sobre los árboles. Los adultos pasan la mayor parte del tiempo buscando insectos y otros alimentos entre las copas de los árboles. La hembra pone hasta 200 huevos en una rama que cuelgue sobre el agua, y el macho los fecunda. Luego, entre los dos baten con las patas traseras la gelatina que envuelve los huevos, hasta formar espuma. La espuma se seca y se endurece por fuera, protegiendo los huevos hasta que se abren una semana después. Los renacuajos salen fuera y caen al agua, donde tardan unos tres meses en transformarse en ranas adultas.

¿SABÍAS QUE...?

Las ranas arborícolas asiáticas suelen aparearse en lugares fijos, formando masas de espuma a las que contribuyen muchas parejas y que pueden llegar a contener hasta 3.000 huevos.

En la piel hay unas glándulas especiales que producen un mucus viscoso que mantiene la piel húmeda.

El color verde permite a la rana pasar inadvertida entre el tollaje.

LUZ REFLEJADA

El color verde de esta rana se debe a unas células especiales que existen en la capa más interna de la piel. Estas células reflejan la luz, produciendo un color azul. Pero como la capa superior de la piel tiene un pigmento amarillo, la rana se ve verde. En los puntos donde no existe pigmento amarillo, la piel es de color azul.

Los dedos de las patas traseras son palmeados.

Cuando la luz del sol es muy fuerte, la pupila se cierra hasta formar sólo una ranura.

Los ojos saltones permiten a la rana ver a todo su alrededor, detectando cualquier insecto que se mueva en sus proximidades.

Las ranas poseen buen oído, pero no tienen orejas. El tímpano es externo, a ras de la piel.

La boca es muy ancha y puede ingerir cantidades sorprendentemente grandes de comida. Cuando atrapa un insecto, se cierra herméticamente.

A LA ESPERA DE UN BOCADO

La rana aguarda pacientemente a que se acerque su próxima comida. Está atenta a cualquier movimiento y come principalmente insectos, que captura disparando su lengua pegajosa. Pero está dispuesta a comerse cualquier cosa que le quepa en la boca. En el paladar tiene unos dientecillos minúsculos que le sirven para sujetar a la presas, que la rana se traga enteras.

Estas almohadillas de los dedos se adhieren como ventosas a las hojas húmedas y las ramas resbaladizas.

Las patas son largas y sirven para saltar y trepar.

Los dedos de las patas delanteras están palmeados sólo en parte, cerca de la base.

ESPÍRITU COMUNITARIO

ESTAS HORMIGAS ROJAS viven en grupos enormes,
llamados colonias, en hormigueros al pie de árboles
coníferos, como el pino. Las encargadas de construir el
hormiguero son las obreras, que son hembras sin alas.
El hormiguero sobresale del suelo formando un montículo
de túneles y cámaras. Por lo general, la reina es la única
hembra adulta con alas, y la única que pone huevos. Las
obreras cuidan de los huevos y las larvas, hasta que se
transforman en adultos. Casi todos los adultos
son obreras, aunque también hay algunos machos
y unas pocas reinas nuevas. Los días húmedos
y calurosos de verano, los machos y las
jóvenes reinas salen volando de todos los
hormigueros en busca de pareja. Los
machos mueren poco después de
aparearse, pero las reinas fecundadas
fundan nuevas colonias.

Las hormigas rojas
muerden a sus
enemigos con sus
afiladas mandíbulas y
luego arrojan ácido
en la herida con el
abdomen (la parte
posterior del cuerpo).

Las patas
articuladas se
doblan
fácilmente,
permitiendo a
la hormiga
correr y trepar.

La cintura es
muy delgada
y el cuerpo
muy flexible.

Los ojos compuestos
están formados por
muchas omatidias (lentes
individuales), que
distinguen un patrón de
puntos claros y oscuros.

GRANJAS DE PULGONES

Los pulgones viven en
las copas de los árboles,
alimentándose de la
savia de las hojas. Las
hormigas rojas utilizan las
antenas para «ordeñar» a los
pulgones, haciéndoles segregar por
el abdomen un líquido dulce que
gusta mucho a las hormigas, tanto
que cada verano se llevan a su
hormiguero unos 275 kilos de dicho
líquido.

Los ganchos de las
patas permiten a la
hormiga agarrarse a
las superficies
al trepar.

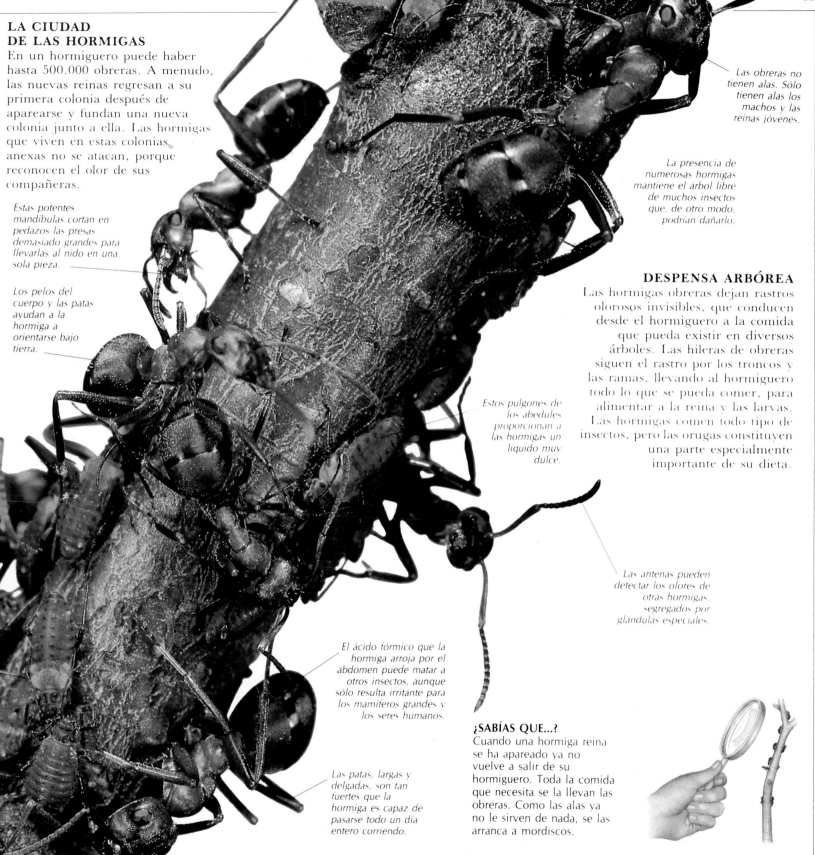

LA CIUDAD DE LAS HORMIGAS

En un hormiguero puede haber hasta 500.000 obreras. A menudo, las nuevas reinas regresan a su primera colonia después de aparearse y fundan una nueva colonia junto a ella. Las hormigas que viven en estas colonias anexas no se atacan, porque reconocen el olor de sus compañeras.

Estas potentes mandíbulas cortan en pedazos las presas demasiado grandes para llevarlas al nido en una sola pieza.

Los pelos del cuerpo y las patas ayudan a la hormiga a orientarse bajo tierra.

Las obreras no tienen alas. Sólo tienen alas los machos y las reinas jóvenes.

La presencia de numerosas hormigas mantiene el árbol libre de muchos insectos que, de otro modo, podrían dañarlo.

DESPENSA ARBÓREA

Las hormigas obreras dejan rastros olorosos invisibles, que conducen desde el hormiguero a la comida que pueda existir en diversos árboles. Las hileras de obreras siguen el rastro por los troncos y las ramas, llevando al hormiguero todo lo que se pueda comer, para alimentar a la reina y las larvas. Las hormigas comen todo tipo de insectos, pero las orugas constituyen una parte especialmente importante de su dieta.

Estos pulgones de los abedules proporcionan a las hormigas un líquido muy dulce.

Las antenas pueden detectar los olores de otras hormigas, segregados por glándulas especiales.

El ácido fórmico que la hormiga arroja por el abdomen puede matar a otros insectos, aunque sólo resulta irritante para los mamíferos grandes y los seres humanos.

Las patas, largas y delgadas, son tan fuertes que la hormiga es capaz de pasarse todo un día entero corriendo.

¿SABÍAS QUE...?

Cuando una hormiga reina se ha apareado ya no vuelve a salir de su hormiguero. Toda la comida que necesita se la llevan las obreras. Como las alas ya no le sirven de nada, se las arranca a mordiscos.

EFECTOS ESPECIALES

LA VISTOSA ORUGA de la polilla harpía es un bocado delicioso para los pájaros. Para protegerse de sus ataques, las orugas realizan un espectacular despliegue que las hace parecer mucho más grandes de lo que son. Estas orugas son las larvas de la polilla harpía. A principios de otoño, buscan un lugar adecuado en la corteza de un árbol y se transforman en pupas, haciendo un capullo de hilos de seda que segrega por un órgano especial llamado hilera, y mezclando la seda con fragmentos masticados de corteza, para camuflar el capullo y proteger al insecto durante el invierno. Al llegar la primavera, el insecto ha cambiado completamente de forma, transformándose en una polilla adulta. Entonces segrega una sustancia que ablanda el capullo y se abre paso hacia fuera, echando a volar al poco rato.

MANTENIENDO LAS DISTANCIAS

Al enemigo que se acerque a una oruga harpía le aguarda una buena sorpresa. La oruga mete la cabeza dentro del cuerpo, dejando a la vista un gran círculo rojo con dos manchas que parecen ojos. Al mismo tiempo, las colas se lanzan hacia delante, disparando filamentos rojos. Si el enemigo no se asusta con esto, la oruga se incorpora y dispara ácido fórmico por una glándula especial que tiene debajo de la cabeza.

¿SABÍAS QUE...?
La polilla harpía adulta tiene el cuerpo cubierto de pelo suave y esponjoso.

CAMBIO DE PIEL
La oruga recién nacida es completamente negra, con dos pequeñas colas. La piel es dura y no crece, así que la oruga tiene que cambiarla por otra nueva que va creciendo debajo. A esto se le llama muda. Las orugas mudan cinco o seis veces antes de completar su crecimiento.

Estas dos colas disparan filamentos rojizos para espantar a los enemigos.

PROVISIONES A MANO
En las noches calurosas de primavera, las polillas adultas vuelan en torno a los sauces y los álamos en busca de pareja. La hembra pone hasta tres huevos de una vez, en la cara superior de las hojas, y suele poner huevos en más de un árbol, para que cada oruga disponga de comida suficiente sin tener que buscarla lejos.

Las mandíbulas son muy afiladas, para cortar y masticar hojas.

Las espinas de las colas disuaden a los enemigos que puedan querer comerse a la oruga.

Mirando de cerca, se ven unos pequeños orificios, llamados espiráculos, a lo largo de los costados. La oruga respira a través de ellos.

Las falsas patas le sirven para caminar y agarrarse a las ramas y hojas.

Las hileras de pequeños ganchos le permiten agarrarse mejor.

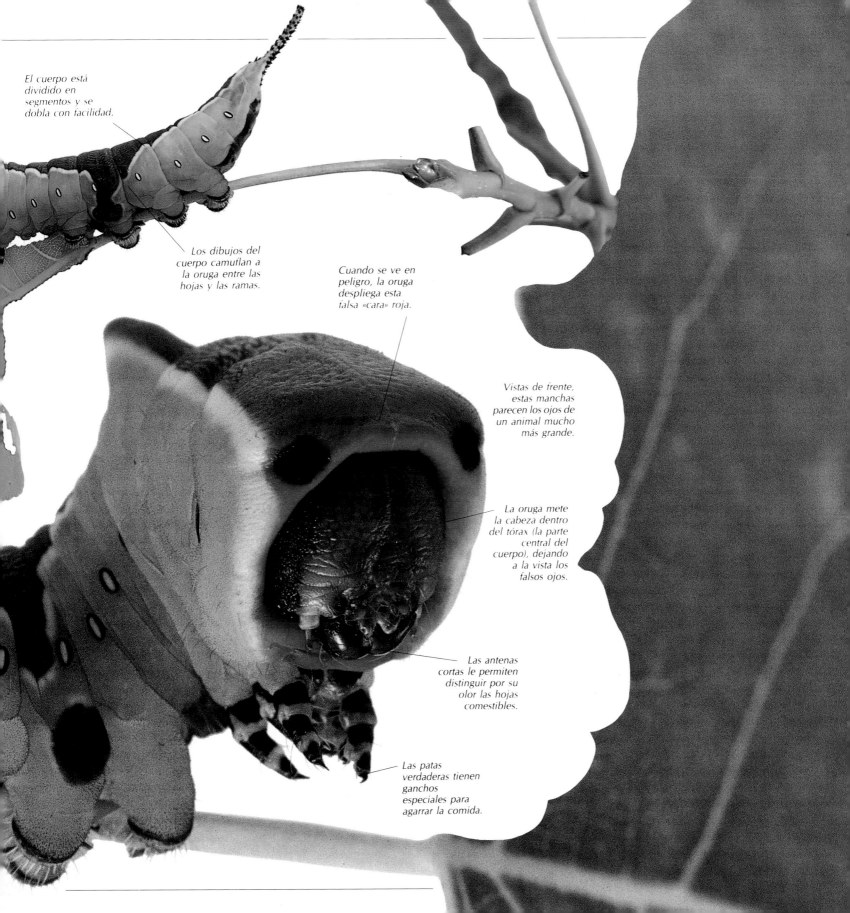

El cuerpo está dividido en segmentos y se dobla con facilidad.

Los dibujos del cuerpo camuflan a la oruga entre las hojas y las ramas.

Cuando se ve en peligro, la oruga despliega esta falsa «cara» roja.

Vistas de frente, estas manchas parecen los ojos de un animal mucho más grande.

La oruga mete la cabeza dentro del tórax (la parte central del cuerpo), dejando a la vista los falsos ojos.

Las antenas cortas le permiten distinguir por su olor las hojas comestibles.

Las patas verdaderas tienen ganchos especiales para agarrar la comida.

Minimonos

EN LO MÁS ALTO de los árboles de la selva tropical, familias enteras de titíes se escurren entre las ramas, parloteando en voz baja. Aunque el tití es un mono, se comporta más bien como una ardilla. Corre y salta de rama en rama, y se sienta a mordisquear fruta que sujeta con las manos. Para sujetarse bien a las ramas, dispone de uñas fuertes y afiladas. Se alimenta de frutas y follaje, y también come animales pequeños, como polluelos de aves, ranas arborícolas, lagartos e insectos. También le gusta la savia dulce y gomosa que rezuman los árboles heridos. A veces hace cortes en un árbol para que brote la savia. Los titíes están activos durante el día; por la noche se esconden en agujeros de los árboles, donde se encuentran abrigados y seguros.

El pelaje, espeso y bien cuidado, mantiene seco al tití. El pelo es lo suficientemente largo como para que las crías se agarren a sus padres.

ASUNTOS DE FAMILIA

Cada familia de titíes consta de tres a ocho individuos: los dos padres y varios hijos. Los machos adultos colaboran en el cuidado de las crías, transportándolas por las copas de los árboles.

¿SABÍAS QUE...?
Los titíes figuran entre los monos más pequeños del mundo. Los individuos más grandes no superan los 450 gramos de peso.

El tití agarra la comida con las manos.

Todos los titíes tienen estos largos mechones de pelo blanco en las orejas.

CHUPANDO SAVIA

Para hacer brotar la savia de los árboles, los titíes rompen la corteza y muerden la madera con los incisivos superiores y luego chupan la savia, recogiéndola con los incisivos inferiores.

Los titíes tienen muy buena vista. Sus grandes ojos pueden divisar comida a mucha distancia.

Los orificios nasales se abren a los lados del hocico chato.

ACICALAMIENTO EN GRUPO

Los miembros de una familia pasan mucho tiempo acicalándose unos a otros. Esta es una actividad importante para los titíes. Además de eliminar parásitos y desenredar el pelo, sirve como forma de comunicación, para hacer amistades y decidir cuáles son los jefes del grupo.

Las fuertes uñas le ayudan a correr y saltar de rama en rama sin caerse.

La cola a franjas es más larga que el cuerpo y ayuda al tití a mantener el equilibrio.

LA MADRE PERFECTA

LAS CHINCHES DE LOS ABEDULES se pueden encontrar todo el verano en las hojas de estos árboles, alimentándose de su savia. Casi todos los demás insectos ponen los huevos y los abandonan a su suerte, pero la chinche del abedul es una buena madre, que cuida de sus hijos y los protege de los pájaros y otros enemigos. La hembra pone de 30 a 40 huevos pequeñísimos en el envés de una hoja de abedul y se queda montando guardia, ocultándolos bajo su cuerpo, hasta que se abren, dos o tres semanas después. A diferencia de otros insectos, que nacen en forma de larvas, las chinches recién nacidas son una versión en miniatura de los adultos, pero sin alas, y se llaman ninfas. Las ninfas permanecen juntas bajo el cuerpo de la madre hasta que crecen y se marchan a vivir por su cuenta. Antes de convertirse en adultos con alas, tienen que mudar (cambiar la piel) varias veces

ESCUDOS EN MINIATURA
La chinche tiene un exoesqueleto rígido, y tiene que mudarlo para seguir creciendo. Antes de alcanzar su tamaño definitivo, muda de piel varias veces. Al final de la última muda, la chinche ya tiene alas. Esta clase de chinches se llama «chinches de escudo», por la forma que presentan con las alas cerradas.

¿SABÍAS QUE...?
Aunque la chinche parezca un escarabajo, pertenece a un orden de insectos diferente. Los escarabajos tienen una fase de larva, mientras que las chiches no.

ESCONDITE DE INVIERNO
A diferencia de otros insectos, la chinche de los abedules sobrevive durante todo el invierno, que pasa oculta entre la corteza o en grietas de la madera, para eludir a los pájaros y otros enemigos. En primavera, cuando se abren las nuevas hojas del abedul, las chinches salen de su escondite y empiezan a comer.

Estas dos antenas son órganos del tacto y el olfato, con los que la chinche siente el ambiente que la rodea.

Todas las ninfas permanecen juntas, para que su madre pueda protegerlas.

El color verde de las ninfas las permite confundirse con la hoja del abedul.

Viéndolos desde arriba, se comprende que a los insectos con esta forma se los llame «chinches de escudo».

Esta parte de las alas es dura y protege el cuerpo.

Los ojos compuestos están formados por muchísimas lentes individuales (omatidias).

Las ninfas son parecidas a los adultos, aunque más pequeñas y sin alas.

PICO AFILADO

La chinche de abedul tiene unas piezas bucales largas y delgadas, con una especie de cuchillas en los extremos, que les sirven para perforar las hojas. A continuación, absorben la savia con un pico en forma de tubo, que se encuentra protegido dentro de las otras piezas.

Los tres pares de patas articuladas salen del tórax, o parte central del cuerpo.

El extremo del ala es una membrana transparente.

EL LAGARTO DE LOS ÁRBOLES

ESTE GECO DIURNO de Madagascar parece fácil de distinguir, pero en realidad es muy difícil verlo, porque vive entre el follaje verde brillante de la selva tropical. Como su nombre indica, el geco diurno está activo de día, a diferencia de las otras especies de gecos, que son casi todas nocturnas. Los gecos se alimentan de insectos, fruta y néctar de flores. La hembra hace por lo menos dos puestas de huevos cada año. Al principio, los huevos tienen cáscaras blandas y pegajosas. La madre los aprieta y los introduce en una grieta de la corteza. Al secarse, los huevos se endurecen y se adhieren al árbol. Las crías nacen al cabo de unas nueve semanas, rompiendo los huevos con una especie de diente que tienen en la punta del hocico.

¿SABÍAS QUE...?

El geco tiene un truco para escapar de sus enemigos. Si un pájaro u otro animal lo atrapa por la cola, ésta se desprende y el geco puede huir. A los pocos meses le crece una nueva.

PIEL PARA COMER

La piel escamosa del geco no crece como el resto del cuerpo. Cada cierto tiempo, cuando la piel está ya muy tirante, el geco se desprende de ella, dejando al descubierto la nueva piel que le ha crecido debajo. A este fenómeno se le llama muda. Para quitarse la piel vieja, el geco se frota contra superficies rugosas. Luego se arranca la piel vieja con los dientes y se la come.

Estos grandes ojos permiten al geco distinguir perfectamente los colores.

Después de haber comido, el geco se limpia la cara y los ojos con su larga lengua.

El geco no puede parpadear, pero sus ojos están protegidos por una membrana transparente.

Los orificios nasales, situados en la punta del hocico, sirven para localizar comida.

Estos pequeños y afilados dientes sujetan y aplastan a los insectos y otros alimentos.

ACROBACIAS

Los gecos son animales muy ágiles, capaces de correr cabeza abajo por la parte inferior de una rama. Las laminillas de los dedos les permiten agarrarse a los salientes más minúsculos.

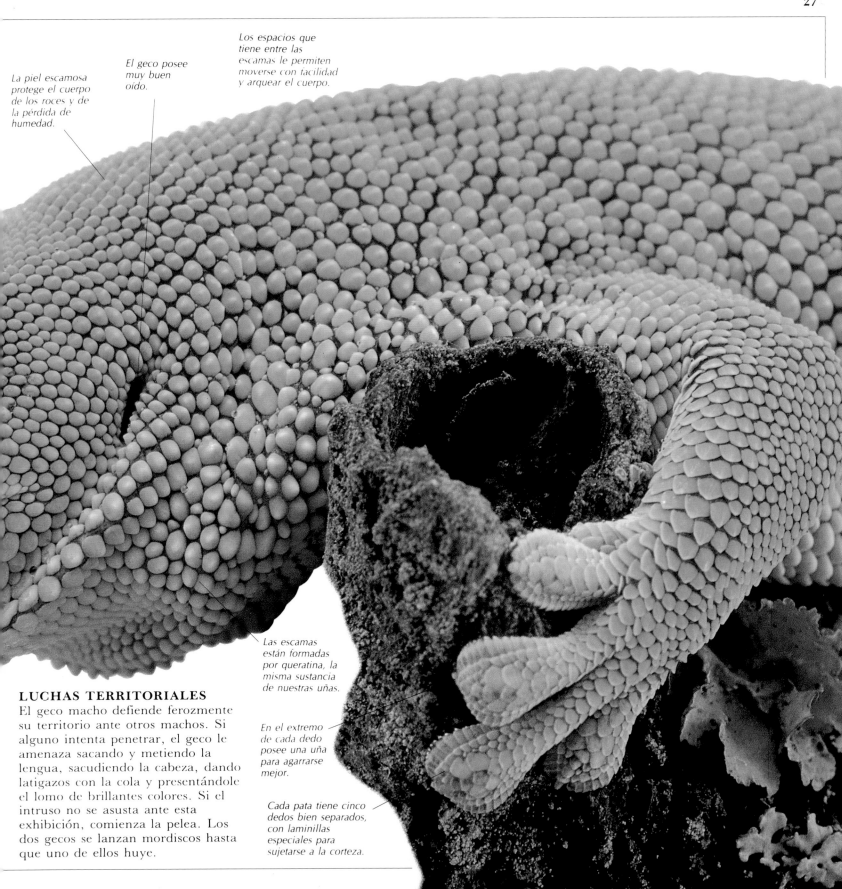

La piel escamosa protege el cuerpo de los roces y de la pérdida de humedad.

El geco posee muy buen oído.

Los espacios que tiene entre las escamas le permiten moverse con facilidad y arquear el cuerpo.

Las escamas están formadas por queratina, la misma sustancia de nuestras uñas.

En el extremo de cada dedo posee una uña para agarrarse mejor.

Cada pata tiene cinco dedos bien separados, con laminillas especiales para sujetarse a la corteza.

LUCHAS TERRITORIALES

El geco macho defiende ferozmente su territorio ante otros machos. Si alguno intenta penetrar, el geco le amenaza sacando y metiendo la lengua, sacudiendo la cabeza, dando latigazos con la cola y presentándole el lomo de brillantes colores. Si el intruso no se asusta ante esta exhibición, comienza la pelea. Los dos gecos se lanzan mordiscos hasta que uno de ellos huye.

Las robustas antenas son capaces de detectar una presa en el interior de la agalla.

La capa exterior de la piel se llama cutícula, y es dura e impermeable.

Esta avispa de la familia calcídidos tiene dos pares de alas transparentes.

Las antenas largas y finas son órganos del olfato, el gusto y el tacto.

La avispa calcídida usa su largo oviscapto para poner huevos dentro de las agallas.

LA BOLA ENCANTADA

EN PRIMAVERA Y VERANO, las hembras de las avispas de las agallas ponen sus huevos en las yemas de los robles, uno en cada yema. Del huevo sale una pequeña larva, que empieza a comerse la yema. De algún modo, esto hace que el árbol forme una especie de bola, que se llama agalla. Al principio, las agallas son verdes, pero poco a poco van cambiando de color. Al cabo de unos cuatro meses, son como canicas duras de color pardo y de unos 2 cm de diámetro. Cuando la larva ha terminado de crecer, se transforma en pupa. Unas dos semanas después, la pupa se abre y de ella sale una avispa adulta, que a continuación tiene que abrirse paso mordiendo para salir de la agalla, dejando un orificio redondo.

PELIGRO: PARÁSITOS

La agalla proporciona cobijo y alimento a la larva que se desarrolla en su interior. Pero la larva no está tan segura como podría parecer. Hay parásitos que pueden alcanzarla dentro de la agalla. La avispa parásita (familia calcídidos) perfora la agalla con su oviscapto (el tubo con el que pone los huevos) y pone un huevo en su interior. La larva del calcídido devora a la de la avispa de las agallas.

Los machos de las avispas de las agallas son negros y brillantes.

UNA HISTORIA COMPLICADA

Las avispas que salen de las agallas de un roble inglés son siempre hembras. Estas hembras pondrán sus huevos en una especie diferente de roble, el roble de Turquía, formando agallas pequeñas y blandas, de las que saldrán machos y hembras. Cuando las hembras salidas del roble de Turquía se han apareado, ponen sus huevos en un roble inglés, y el complicado ciclo comienza de nuevo.

Las alas transparentes de la avispa de las agallas son muy delicadas.

Las larvas de la avispa calcídida han devorado a la larva de avispa de las agallas que ocupaba esta agalla.

La avispa calcídida adulta se abre paso hacia el exterior de la agalla.

El centro de la agalla es nutritivo.

La cáscara dura se vuelve parda en otoño.

El exterior de la agalla es leñoso.

TIPOS DE AGALLAS

Existen muchas especies de abejas de las agallas, cada una de las cuales pone los huevos en una planta diferente. Algunas los ponen en las hojas, otras en las raíces y otras en las partes leñosas. Cada especie de avispa tiene un tipo de agalla diferente. Unas son pequeñas, y parecen como motitas en las hojas; otras, como las agallas del roble, son bastante grandes, pudiendo llegar a medir 4 centímetros de diámetro.

¿SABÍAS QUE...?

Las agallas que las avispas forman en los robles parecen canicas grandes.

ÍNDICE

GLOSARIO

Abdomen: *parte posterior del cuerpo.*
Antenas: *órganos sensoriales.*
Colonia: *grupo de animales o plantas de la misma especie que viven juntos.*
Espiráculos: *orificios en el exoesqueleto de un insecto, a través de los cuales respira.*
Exoesqueleto: *cubierta dura que protege el cuerpo, formada por una sustancia llamada quitina.*
Larva: *fase juvenil de algunos animales, entre ellos los insectos.*
Metamorfosis: *transformación de la larva en adulto.*
Mucus: *sustancia espesa y viscosa, a veces venenosa, que producen ciertos animales.*
Muda: *cambio de piel o de exoesqueleto.*

Ninfa: *larva de ciertos tipos de insectos, como, por ejemplo, las libélulas.*
Ojos compuestos: *ojos formados por muchas lentes individuales, llamadas omatidias.*
Parásito: *animal o planta que vive sobre otro ser vivo o en su interior.*
Polen: *polvillo producido por muchas plantas para reproducirse.*
Pupa: *la fase inmóvil, intermedia entre la larva y el insecto adulto.*
Tórax: *parte central del cuerpo, que contiene el corazón y los pulmones.*
Trompa: *parte bucal de algunos insectos, como las mariposas, larga y en forma de tubo.*
Vibraciones: *ligeros movimientos del aire, el agua o el suelo.*